AF469720

7 Mars 1887.

V

VENTE DES LUNDI 7, MARDI 8, MERCREDI 9 ET JEUDI 10 MARS 1887
HOTEL DROUOT, SALLE No 1

SUCCESSION LE DUC

---

300 TABLEAUX

ANCIENS ET MODERNES

BEAU MOBILIER

BRONZES, PORCELAINES, FAIENCES DIVERSES, BIJOUX

EXPOSITION PUBLIQUE

LE DIMANCHE 6 MARS 1887

DE UNE HEURE A CINQ HEURES

COMMISSAIRES-PRISEURS

Me Léon **BANCELIN**	Me Léon **TUAL**
72, rue d'Hauteville.	50, rue de la Victoire.

Assistés de **M. Eug. FÉRAL**, peintre-expert,
54, rue du Faubourg-Montmartre.

IMPRIMERIE D. DUMOULIN
Rue des Grands-Augustins, 5, Paris.

CATALOGUE

DE

300

TABLEAUX ANCIENS

DES ÉCOLES

ITALIENNE, FLAMANDE, HOLLANDAISE, FRANÇAISE

BELLES ESQUISSES DE P. P. RUBENS

ŒUVRES DE :

BILCOQ, BOUCHER, BREUGHEL, CHARDIN, COYPEL, CUYP, HOLBEIN, LANCRET, MIEREVELT, PETER NEEFS NETSCHER, OSTADE, VINCKEBOONS, WOUVERMAN, ETC.

TABLEAUX MODERNES

ŒUVRES IMPORTANTES DE J. MÉLIN

BEAU MOBILIER

Bronzes, Porcelaines et Faïences diverses, Bijoux

DONT LA VENTE AURA LIEU

Par suite du décès de M. LE DUC

HOTEL DROUOT, SALLE N° 1

Les Lundi 7, Mardi 8, Mercredi 9 et Jeudi 10 Mars 1887

A deux heures.

COMMISSAIRES-PRISEURS

Me Léon BANCELIN	Me Léon TUAL
72, rue d'Hauteville	56, rue de la Victoire

Assistés de M. Eug. FÉRAL, peintre-expert.

54, faubourg Montmartre.

Chez lesquels se trouve le présent Catalogue.

Exposition Publique : le Dimanche 6 Mars 1887

De une heure à cinq heures.

CONDITIONS DE LA VENTE

La vente sera faite au comptant.

Les acquéreurs payeront *cinq pour cent* en sus des enchères applicables aux frais

---

ORDRE DES VACATIONS

1° Les Lundi 7 et Mardi 8 Mars. — Tableaux.

2° Le Mercredi 9 Mars. — Bronzes, Porcelaines, Faïences, Livres, Bijoux, Meubles.

3° Le Jeudi 10 Mars. — Continuation des Meubles.

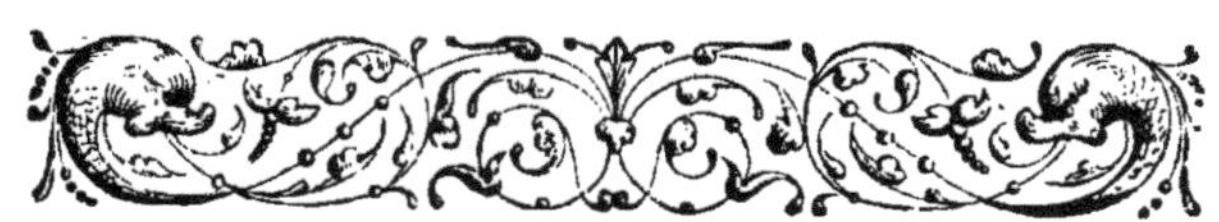

DÉSIGNATION

TABLEAUX ANCIENS

ALBANE (Francesco)

1 — *Portrait du maître.*

Franche et bonne peinture.

ANDREA DEL SARTO (genre de)

2 — *La Vierge, l'Enfant Jésus, saint Jean et sainte Élisabeth.*

BACKHUYSEN (L.)

3 — *Mer houleuse.*

BARTHOLOMEO (Fra)

4 — *La Vierge et l'Enfant.*

BERGHEM (genre de N.)

5 — *Paysanne occupée à traire une vache.*

BERGHEM (genre de N.)

6 — *Animaux à l'abreuvoir.*

BILCOQ (A.)

7 — *Le médecin aux urines.*

Il est assis devant une table couverte d'un tapis de Turquie, donnant une consultation à une jeune fille coiffée d'un chapeau de paille à large bord; debout, le bras gauche appuyé sur le dossier d'une chaise. Des poteries et différents ustensiles sont posés à terre.

Bon tableau. Signé et daté 1784.

BOSCH (Van)

8 — *L'atelier du Sculpteur.*

BOUCHER (F.)

9 — *Les Amours musiciens.*

Beau dessus de porte, de la première manière de Boucher.

BOUCHER (d'après)

10 — *Vénus et l'Amour.*

BOUCHER (d'après)

11 — *Les Amours pêcheurs.*

BOURGUIGNON

12 — *Choc de cavalerie.*

BRAMER (Léonard)

13 — *Sujet biblique.*

BRAUWER (genre d'Adrien)

14 — *Intérieur rustique.*

BRÉDA (Van)

15 — *Marché aux bestiaux, aux environs de Rome.*

BREUGHEL (Pierre)

16 — *La petite rosière.*

Elle marche les mains jointes, la couronne sur la tête, suivie d'une foule de ses compagnes; en avant, deux petits garçons, l'un battant du tambour, l'autre jouant du violon; des mères avec leurs enfants et des villageois se rangent sur leur passage. Au second plan, un cheval dételé et une charrette auprès d'une église entourée de maisons.

Fin et très curieux tableau.

Signé en toutes lettres et daté 1616.

Bois. Haut., 47 cent.; larg., 73 cent.

BREUGHEL (genre de)

(DEUX PENDANTS)

17 — *Paysages avec figures.*

BREUGHEL (genre de)

18 — *Scène diabolique.*

CANALETTI (attribué à)

19 — *Vue du grand canal et du palais des Doges, à Venise.*

CASANOVA

20 — *Cavalier monté sur un cheval blanc.*

CARAVAGE

21 — *La Vierge, l'Enfant Jésus et saint Jean.*

CHARDIN (attribué à SIMÉON)

22 — *Le plat d'huîtres.*

Il est posé sur une table de pierre, en partie couverte d'une serviette; auprès se trouvent un pain, un citron entamé, une carafe, une bouteille et un verre.

CHAMPAGNE (attribué à PH. DE)

23 — *Portrait présumé de Mme de Sévigné.*

CHAMPAGNE (genre de PH. DE)

24 — *Portrait d'homme.*

CLAUDE LORRAIN (d'après)

25 — *Port de mer.*

COYPEL (Ant.)

26 — *Le Calvaire.*

Le Christ expire entre les deux larrons. La Vierge et les saintes femmes pleurent au pied de la croix. — Les soldats se retirent effrayés par une apparition qui semble sortir du sol entr'ouvert.

Très belle composition, dans le sentiment de Van Dyck.

CUYP (Albert)

27 — *Portrait de femme.*

Vue jusqu'à la ceinture, la tête de trois quarts tournée légèrement à gauche, les cheveux relevés et en partie cachés par une coiffure noire bordée d'ornements en jais; elle porte une robe en soie noire avec large collerette rabattue.

Dans le fond, on lit : aetatis 41.
Anno 1640.

Au dessous, une fausse signature de Van Dyck.

Très beau portrait, d'une remarquable conservation.

Bois. Haut., 67 cent.; larg., 51 cent.

CUYP (genre de)

28 — *Chien et ustensiles de cuisine.*

DAVID (attribué à L.)

29 — *Portrait d'homme.*

DEBUCOURT (d'après)

30 — *La fête de la grand'mère.*

DESPORTES (genre de)

31 — *Chien dans un paysage.*

DOMINIQUIN (attribué au)

32 — *La Vierge, l'Enfant Jésus et des anges apparaissant à saint François.*

DOMINIQUIN (d'après)

33 — *Le Christ au Calvaire.*

DOW (d'après G.)

34 — *Effet de lumière.*

DOW (genre de G.)

35 — *Archimède.*

DURER (d'après Albert)

36 — *La Vierge et l'Enfant Jésus.*

DURER (d'après A.)

37 — *Saint Jérôme.*

DROLLING (attribué à M.)

38 — *Fanchon la Veilleuse.*

DROUAIS (genre de H.)

39 — *Portrait d'un gentilhomme.*

DYCK (attribué à A. Van)

40 — *Tête de nègre.*

DYCK (d'après A. Van)

41 — *Le repos de la Sainte-Famille.*

DYCK (d'après A. Van)

42 — *La Madeleine.*

DYCK (École de A. Van)

43 — *Des anges auprès de la Sainte-Famille au repos.*

Peinture sur cuivre.

DYCK (genre de A. Van)

44 — *Tête d homme.*

DYCK (genre de A. VAN)

45 — *Portrait d'homme.*

ELZHEIMER

46 — *Le Christ au jardin des Oliviers.*

Effet de lumière.

FRANCIA (d'après)

47 — *La Vierge, l'Enfant Jésus et saint Jean.*

FRANCK

48 — *Le mauvais riche.*

FRANCK

(DEUX PENDANTS)

49 — *L'Adoration des Mages.*

L'Adoration des Bergers.

Formes rondes.

FRANCK

50 — *Des anges présentant la croix à l'Enfant Jésus.*

FRANCK

51 — *La Sainte-Famille.*

FRANCK

52 — *Le Christ présenté au peuple.*

GAROFALO (Tisio) dit le

53 — *La Vierge et l'Enfant Jésus.*

GAROFALO (genre de)

54 — *Le repos de la Sainte-Famille.*

GÉRICAULT (genre de

55 — *Chevaux de trait.*

Aquarelle.

GILLEMANS

56 — *Portrait de jeune femme sous les attributs de Flore et ayant près d'elle trois petits amours.*

GOYEN (genre de Van)

57 — *Maisons au bord d'une rivière.*

GOYEN (genre de Van)

58 — *Marine.*

GREUZE (d'après)

59 — *La Savonneuse.*

GRIMOUX

60 — *Portrait d'un artiste.*

GUERCHIN

61 — *La charité romaine.*

GUIDO RENI

62 — *La mort de Cléopâtre.*

GUIDO RENI

63 — *Sujet biblique.*

GUIDO RENI

64 — *La mort de la Madeleine.*

GUIDO RENI

65 — *La Sainte-Famille.*
Toile ovale.

HALS (d'après F.)

66 — *Portrait d'homme.*

HEEMSKERK

67 — *La lecture de la gazette.*

HEEMSKERK

68 — *Les joueurs de tric-trac.*

HEUSCH (genre de G. DE)

69 — *Paysage avec cours d'eau et figures.*

HOBBEMA (d'après M.)

70 — *Chaumière, au bord d'une mare.*

HOBBEMA (d'après M.)

71 — *Les moulins.*

HOLBEIN (attribué à Hans)

72 — *Portrait présumé de Luther et de sa famille.*

Ils sont représentés dans un paysage, Luther, vu à mi-corps, couvert d'un manteau doublé de fourrures, ayant devant lui trois jeunes garçons, sa main posée sur la tête de l'un d'eux. Sa femme, debout vers la droite, coiffée d'un bonnet en forme de cornette, les mains croisées à la ceinture ; devant elle, une petite fillette.

Très curieux tableau, dans un riche cadre en bois sculpté.

Bois. Haut., 82 cent.; larg., 63 cent.

HUET (attribué à J. B.)

73 — *Les Singes cuisiniers.*

HUET (d'après)

74 — *La Bergère à la fontaine.*

KOBELL

75 — *Animaux au repos.*

KONINCK (SALOMON DE)

76 — *Sujet biblique.*

LANCRET (attribué à N.)

77 — *Récréation dans un parc.*

De nombreux personnages, dames et gentilshommes, sont réunis auprès d'une fontaine; un jeune homme danse avec deux jeunes femmes, un jeune seigneur, le manteau sur l'épaule, cause avec deux élégantes qui, l'éventail à la main, se disposent à gravir un large escalier de pierre.

Au second plan, de nombreux couples se reposent ou se livrent à des conversations galantes.

Gracieuse et importante composition qui nous semble être de la première manière de Lancret.

Toile. Haut. 95 cent.; larg. 1 m. 25 cent.

LANCRET (d'après N.)

(DEUX PENDANTS)

78 — *La Leçon de flûte et la Conversation dans le parc.*

LANCRET (d'après N.

79 — *L'oiseau mis en cage.*

LAURI (Ph.)

80 — *Sujet mythologique.*

LAURI Ph.)

81 — *Le repos de la Sainte-Famille.*

LE BRUN (Charles)

82 — *Portrait d'homme.*

LE BRUN (d'après Ch.)

83 — *Alexandre et les femmes de Darius.*

LE DUC (Jean)

84 — *Les joueurs de tric-trac.*

LECLER

(DEUX PENDANTS

85 — *Joueur de flûte et danseuse.*

LEMOINE (François)

86 — *Andromène attachée au rocher.*

LÉPICIÉ

87 — *Jeune garçon, la main appuyée sur le dossier d'une chaise.*

LUCATELLI

88 — *Monument au bord de la mer.*

LUNDENS

89 — *Le jeu de la pantoufle.*

Spirituelle composition pleine de mouvement.

MARATTA (genre de CARLO)

90 — *Le repos de la Sainte-Famille.*

MARIODIFIORI

91 — *Guirlande de fleurs avec sujet religieux au centre.*

MATZIS (QUENTIN)

92 — *Les peseurs d'or.*

METZU (genre de)

93 — *La ménagère hollandaise.*

METZU (d'après)

94 — *La lecture de la lettre.*

MIEL (Jean)

95 — *Voyageurs faisant halte devant une auberge.*

MIEL (Jean)

96 — *Cavalier faisant halte au pied d'un rocher.*

MIERIS

97 — *Le joueur de mandoline.*

MIERIS (d'après

98 — *La dormeuse.*

MIERIS (d'après)

99 — *Jeune femme tenant un coffret.*

MIERIS (genre de)

100 — *Le joueur de violon.*

MIEREVELT (MICHEL)

101 — *Portrait de femme.*

Elle est représentée debout, vue jusqu'aux genoux, vêtue d'une robe noire décolletée avec large collerette bordée de guipure; elle tient, à la main droite, un éventail.

Fond avec draperie et fenêtre donnant sur la campagne.

Bois. Haut., 1 m. 20 cent.; larg., 92 cent.

MIGNARD (P.)

102 — *Portrait de femme.*

Toile ovale.

MIGNARD (attribué à P.)

103 — *Portrait de femme.*

Toile ovale.

MIGNARD (genre de P.)

104 — *Portrait de jeune femme.*

MOLENAER

105 — *Intérieur de cabaret.*

MOMMERS

106 — *Bergers et moutons au repos.*

MURILLO (attribué à B. E.)

107 — *La Vierge en buste, les mains croisées sur la poitrine.*

NATOIRE (attribué à)

108 — *Les amours vendangeurs.*

Beau dessus de porte, faisant pendant au Boucher porté au numéro 9.

NEEFS (Peter)

109 — *Intérieur de la cathédrale d'Anvers.*

Au centre, la nef; une confrérie de dames la traverse, se dirigeant vers la gauche.

Sur la droite, un prêtre fait visiter l'église à deux gentilshommes. Au second plan, un prêtre disant la messe.

Bon tableau avec figures de Franck.

NETSCHER (Gaspard)

110 — *Les bulles de savon.*

Trois personnages accoudés à une fenêtre sur les bords de laquelle est posé un tapis de Turquie; à droite, un jeune homme, vu de trois quarts, coiffé d'une toque de velours; au centre, un jeune garçon faisant des bulles de savon; à gauche, une jeune femme appuyée sur un coussin de velours bleu; au second plan, deux personnages causant.

Fin et beau tableau.

Bois. Haut., 40 cent.; larg., 31 cent.

NETSCHER (genre de G.)

111 — *Jeune femme et amour.*

OMMEGANCK (d'après)

112 — *Bergers et animaux.*

OSTADE (Ad. Van)

113 — *Le concert.*

Des villageois, assis dans l'intérieur de leur chaumière, chantent; l'un d'eux tenant un verre et une cruche, un autre debout les accompagnant avec une vielle.

Tableau gravé.

OSTADE (genre d'Ad. Van)

114 — *Fête flamande.*

OSTADE (d'après Ad. Van)

115 — *Fumeurs et buveurs.*

OSTADE (d'après Ad. Van)

116 — *Fumeurs et buveurs.*

OSTADE (d'après Ad. Van)

117 — *Les joueurs de tric-trac.*

OSTADE (d'après Ad. Van)

118 — *La toilette de l'enfant.*

OSTADE (d'après Ad. Van)

119 — *Villageois fuyant du cabaret.*

OSTADE (école de Ad. Van)

120 — *Intérieur de tabagie.*

OUDRY (J.-B.)

121 — *Chien en arrêt sur un faisan.*

OUDRY (genre de J.-B.)

122 — *Oiseau aquatique surpris par un renard.*

PALAMÈDES

123 — *Le concert après le repas.*

PANNINI (genre de)

124 — *Monuments en ruine.*

PARMESAN

125 — *Le repos de la Sainte-Famille.*

PATER (d'après)

126 — *Les baigneuses.*

POTTER (d'après PAUL)

127 — *Animaux au pâturage.*

Reproduction avec variantes du tableau qui est au Musée du Louvre.

ROLAND DE LA PORTE

128 — *Objets divers posés sur une table.*

RAOUX (attribué à J.)

129 — *Jeune fille offrant des fleurs à un prince entouré de gentilshommes.*

RAOUX (attribué à J.)

130 — *Seigneur faisant un repas dans un parc.*

RAPHAEL (d'après)

131 — *La Vierge au palmier.*

Très belle reproduction de l'époque.

Ce tableau est accompagné d'une lettre de M. Raymond Balze affirmant que cette copie a été retouchée par Raphaël et indiquant même les parties de ce tableau où il reconnaît la touche du grand maître.

Toile de forme ronde. Diam. m.05.

RAPHAEL (d'après)

132 — *La Vierge, l'Enfant Jésus, saint Jean et sainte Élisabeth.*

RAPHAEL (d'après)

133 — *La Sainte-Famille.*

RAPHAEL (d'après)

134 — *Saint Michel terrassant le démon.*

RAPHAEL (d'après)

135 — *Le réveil de l'Enfant Jésus.*

RAPHAEL (d'après)

136 — *La Vierge, l'Enfant Jésus et saint Jean.*

REMBRANDT (d'après

137 — *Vieillard coiffé d'une toque.*

REMBRANDT (d'après)

138 — *Vieille femme lisant.*

REMBRANDT (école de)

139 — *Personnage oriental.*

RIBÉRA (genre de)

140 — *Saint personnage en prière.*

ROMER

141 — *Chien et pigeons.*

ROOS (DE TIVOLI)

142 — *Chèvre au repos.*

ROTTENHAMER

143 — *Le repos de la Sainte-Famille.*

ROTTENHAMER

144 — *La Vierge, l'Enfant Jésus et saint Jean.*

ROTTENHAMER

145 — *Saint Sébastien.*

Peinture sur cuivre.

RUBENS (P.-P.)

146 — *Le Triomphe de la Religion.*

Le maître l'a représentée sous la figure d'une jeune femme qui s'élève dans une atmosphère lumineuse, guidée par le Temps armé de sa faux et accompagnée des grands dignitaires de l'Eglise. Les mauvais esprits tombent renverses à son approche, ou fuient en courroux, armés de leurs épées, renversant les autels des faux dieux. L'hydre du mal expire dans des contorsions violentes. Dans le bas, au centre, un lion tenant un loup dans ses griffes; sur les côtés, des colonnes torses.

Superbe esquisse, d'une exécution large et brillante. Projet d'une grande composition qui a dû être exécutée en tapisserie.

Gravé.

Bois. Haut., 65 cent.; larg., 92 cent.

RUBENS (P.-P).

(PENDANT DU PRÉCÉDENT)

147 — *La Religion chassant les faux dieux.*

Un grand prêtre, drapé dans son manteau blanc, des sacrificateurs tenant un taureau qu'ils vont immoler, fuient effrayés par un ange qui apparaît dans une gloire tenant le calice au-dessus duquel se dresse l'hostie divine. A droite, un nègre tenant une torche, un homme étendu sur le sol, un enfant courant en renversant l'autel et les vases d'or servant au sacrifice.

A gauche, dans le fond, on aperçoit des Vestales entretenant le feu sacré devant une statue de Jupiter.

Sur les côtés de la composition, des colonnes torses; devant, au centre, un cartouche avec des têtes de béliers.

Superbe esquisse. Projet d'une grande composiqui a dû être exécutée en tapisserie.

Gravé.

Bois. Haut, 65 cent.; larg., 92 cent.

RUBENS (d'après)

148 — *Vénus et Adonis.*

RUYSDAEL (d'après)

149 — *Paysage avec torrent.*

RUYSDAEL (d'après)

150 — *Paysage avec cours d'eau.*

SALVATOR ROSA (genre de)

151 — *Bataille.*

SEGHERS (Gérard)

152 — *Le denier de César.*

SNYDERS (attribué à)

153 — *Corbeille de raisins et autres fruits, sur une table.*

STELLA

154 — *L'adoration des mages.*

TIÉPOLO (Domenico)

155 — *Vieillard, en buste.*

TENIERS (le Père D.)

156 — *La fileuse.*

Petite peinture sur agathe.

TENIERS (attribué à D.)

157 — *Sorcières faisant le sabbat.*

TÉNIERS (d'après D.)

158 — *Fumeurs et buveurs.*

TÉNIERS (d'après D.)

159 — *Danse de villageois devant un cabare*

TENIERS (d'après D.)

(DEUX PENDANTS

160 — *Paysages avec figures.*

TENIERS (d'après D.)

161 — *Tentation de saint Antoine.*

TENIERS (d'après D.)

162 — *Paysage avec villageois assis autour d'une table.*

TINTORET

163 — *La Cène.*

Belle peinture, d'une couleur brillante et d'une remarquable conservation.

UTRECHT (Van).

164 — *Fruits et gibiers.*

VAN DE VELDE (attribué à)

165 — *Mer calme avec bateaux à voiles.*

VAN DE VELDE (genre de)

166 — *Animaux au repos, dans un paysage.*

VAN DE VELDE (genre de)

167 — *Marine avec navire de guerre.*

VAN LOO (Carle)

168 — *Portrait de J. P. Pannini.*

Il est assis, vu à mi-corps, tourné vers la gauche; les cheveux poudrés, vêtu d'un veston bleu, le bras droit appuyé sur un portefeuille et tenant un crayon à la main.

VAN LOO (d'après C.)

169 — *Portrait de Marie Leczinska.*

VAN ORLEY (d'après)

170 — *La Vierge donnant le sein à l'Enfant Jésus.*

VERNET (attribué à J.)

171 — *Rochers et cascades.*

VERNET (CARLE)

172 — *Un camp.*

Aquarelle.

Cette aquarelle a été prise au Palais des Tuileries, en 1830. Elle ornait la salle d'études du duc de Bordeaux.

VÉRONÈSE (attribué à)

173 — *Le Christ au milieu de ses disciples.*

VINCKEBOONS (David)

174 — *Une fête, au seizième siècle.*

Une multitude de personnages, richement habillés, causent, dansent et se divertissent dans un parc; au second plan, on aperçoit des joutes sur une pièce d'eau qui entoure une riche habitation seigneuriale.

Précieux tableau, d'une remarquable finesse d'exécution.

Cuivre. Haut., 45 cent.; larg., 68 cent.

VIVARINI (Luigi)

175 — *La Vierge et l'Enfant.*

WATERLOO

176 — *Paysage avec rochers et cours d'eau.*

WATERLOO

177 — *Paysage avec cours d'eau.*

WATTEAU (École de)

178 — *Jeune homme et jeune femme.*

WOUVERMAN (Pierre)

179 — *Halte de chasseurs.*

Ils sont arrêtés auprès d'une fontaine, faisant boire leurs chevaux; l'un d'eux, qui a quitté sa monture, son chapeau à la main, cause avec une jeune dame; auprès d'eux, leurs chiens.

WOUVERMAN (d'après)

180 — *Le manège.*

ZORG

181 — *Fumeurs et joueurs de cartes.*

ZURBARAN (genre de)

182 — *Saint personnage appuyé sur un bâton.*

ÉCOLE ALLEMANDE (XVIe siècle).

183 — *Sainte Véronique.*

ÉCOLE ALLEMANDE

184 — *L'Annonciation.*

ÉCOLE ESPAGNOLE

185 — *Le repos de la Sainte-Famille.*

ÉCOLE ESPAGNOLE

186 — *L'image du Christ.*

ÉCOLE ESPAGNOLE

187 — *Femme, vue à mi-corps.*

ÉCOLE ESPAGNOLE

188 — *Vieille femme, en prière.*

ÉCOLE ESPAGNOLE

189 — *Le Bon Pasteur.*

ÉCOLE FLAMANDE

190 — *L'Adoration des bergers.*

ÉCOLE FLAMANDE

191 — *Triptyque.*

ÉCOLE FLAMANDE

192 — *La Vierge et l'Enfant.*

ÉCOLE FRANÇAISE

(DEUX PENDANTS)

193 — *Pont et monuments en ruine.*

Aquarelles.

ÉCOLE FRANÇAISE

194 — *Jeune fille apportant des fleurs.*

ÉCOLE FRANÇAISE

(DEUX PENDANTS)

195 — *Jeune fille et jeune garçon.*

ÉCOLE FRANÇAISE

196 — *Jeune femme, en buste.*

ÉCOLE FRANÇAISE

197 — *Jeune garçon, en buste.*

ÉCOLE FRANÇAISE

198 — *Sujet religieux.*

ÉCOLE FRANÇAISE

199 — *Portrait d'homme.*

ÉCOLE FRANÇAISE

200 — *Un buveur.*

ÉCOLE FRANÇAISE

201 — *Bataille.*

ÉCOLE FRANÇAISE

202 — *Baigneuses, dans un paysage.*
Effet de clair de lune.

ÉCOLE FRANÇAISE
(DEUX PENDANTS)

203 — *Le singe peintre.*
Le singe marchand de drogues.
Gouaches de formes rondes.

ÉCOLE FRANÇAISE

204 — *Portrait présumé de Rabelais.*

ÉCOLE FRANÇAISE

(DEUX PENDANTS)

205 — *Portrait d'homme et portrait de femme.*

Toiles ovales.

ÉCOLE FRANÇAISE

206 — *Prunes, radis, etc., sur une table.*

ÉCOLE FRANÇAISE

207 — *Portrait d'homme.*

ÉCOLE FRANÇAISE

208 — *Paysage avec ruines.*

ÉCOLE FRANÇAISE

209 — *Portrait d'homme.*

ÉCOLE FRANÇAISE

210 — *Enfant tenant une cage.*

ÉCOLE FRANÇAISE

211 — *La Vierge à la Chaise.*

Miniature ovale.

ÉCOLE HOLLANDAISE

212 — *Buveur, devant un cabaret.*

ÉCOLE HOLLANDAISE

213 — *Villageois, devant un cabaret.*

ÉCOLE HOLLANDAISE

(DEUX PENDANTS)

214 — *Le serpent d'airain et Moïse frappant le rocher.*

ÉCOLE HOLLANDAISE

215 — *Paysage avec figures.*

ÉCOLE HOLLANDAISE

216 — *La Nativité.*

ÉCOLE HOLLANDAISE

217 — *Le Bon Samaritain.*

ÉCOLE HOLLANDAISE

218 — *Village hollandais, au bord d'une rivière.*

ÉCOLE HOLLANDAISE

219 — *La Nativité.*

ÉCOLE HOLLANDAISE

220 — *Sujet grotesque.*

ÉCOLE HOLLANDAISE

221 — *Petit berger jouant de la flûte.*

ÉCOLE HOLLANDAISE

222 — *Oiseaux de basse-cour.*

ÉCOLE HOLLANDAISE
(DEUX PENDANTS)

223 — *La cuisinière et le tonneau mis en perce.*

ECOLE HOLLANDAISE

224 — *Le fou et le marchand de mort aux rats.*

ECOLE HOLLANDAISE

225 — *Paysage et animaux.*

ECOLE HOLLANDAISE

226 — *Animaux au repos.*

ECOLE HOLLADDAISE

227 — *Personnage écrivant.*

ECOLE HOLLANDAISE

228 — *Bohémiens se chauffant.*

ECOLE HOLLANDAISE

229 — *Vieillard, en buste.*

ECOLE HOLLANDAISE

230 — *Saint Jérôme.*

ECOLE HOLLANDAISE

231 — *Les chanteurs au cabaret.*

ECOLE HOLLANDAISE

232 — *Officier debout.*

ECOLE HOLLANDAISE

233 — *Tête d'homme.*

ECOLE HOLLANDAISE

234 — *Paysage avec cours d'eau.*

ÉCOLE ITALIENNE

235 — *Religieux endormi.*

ÉCOLE ITALIENNE

236 — *L'Éducation de l'Enfant Jésus.*

ECOLE ITALIENNE

237 — *Sujet mythologique.*

ECOLE DE FONTAINEBLEAU

238 — *Rebecca à la fontaine.*

ECOLE ITALIENNE

239 — *La Vierge, l'Enfant Jésus et saint Jean.*

ECOLE ITALIENNE

240 — *La Vierge, l'Enfant Jésus et des anges.*

ECOLE ITALIENNE

241 — *L'adoration des mages.*

ECOLE ITALIENNE

242 — *La Vierge et l'Enfant.*

ECOLE ITALIENNE

243 — *L'Enfant Jésus et saint Jean.*

ECOLE ITALIENNE

244 — *Une sainte, la main posée sur la poitrine.*

ECOLE ITALIENNE

245 — *Saint Jérôme.*

ECOLE ITALIENNE

246 — *La Vierge et l'Enfant.*

Ovale.

ECOLE ITALIENNE

247 — *La mort de saint Joseph.*

ECOLE ITALIENNE

248 — *Le passage de la mer Rouge.*

ECOLE ITALIENNE

249 — *Tête d'homme.*

ECOLE ITALIENNE

250 — *Ustensiles de cuisine.*

ECOLE LOMBARDE

251 — *Jeune femme portant une couronne de fleurs.*

ECOLE DE PARME

252 — *La Madeleine, vue à mi-corps.*

Fine petite peinture, de forme ovale, dans un riche cadre cuivre et ébène.

ECOLE VENITIENNE

253 — *Le retour de l'Enfant prodigue.*

ECOLE RUSSE

254 — *Cavalier tenant une lance.*

---

255 — *Quatre tableaux :*

D'après Boughel, Wouverman, van Poel et Franck.

256 — *Quatre tableaux :*

D'après Rubens, Drouais, etc.

257 — *Quatre tableaux par divers.*

258 — *Inconnu.*

Trois petits tableaux.

259 — *Inconnu.*

Un taureau.

260 — *Deux dessins :*

Portrait d'un officier, attribué à H. Vernet et Joueur de guitare, d'après Watteau.

261 — *Sept pièces, gravures et photographies.*

262 — *Six pièces, dessins et lithographies.*

TABLEAUX MODERNES

BELLANGÉ (attribué à H.)

263 — *Batailles sous le premier Empire.*

Neuf esquisses, dans le même cadre.

BELLANGÉ (d'après H.)

264 — *Épisode de la retraite de Russie.*

BRUNEL-NEUVILLE

(DEUX PENDANTS)

265 — *Poissons et ustensiles de cuisine.*
Asperges et groseilles, dans un panier.

BRUNEL-NEUVILLE

266 — *Pêches et raisins.*

CHARLOT (genre de)

267 — *Soldat de la garde impériale.*

COURBET (d'après)

268 — *Cerf, dans un bois.*

DELAROCHE (Paul.)

269 — *Études de figures, pour le tableau représentant la* Mort du duc de Guise.

Trois dessins, rehaussés d'aquarelle, mis dans le même cadre.

DECAMPS (genre de)

270 — *Vue d'Orient.*

DIAZ (d'après)

271 — *Arbres et rochers.*

Forêt de Fontainebleau.

FEYEN-PERRIN

272 — *Les pêcheurs de crevettes.*

MELIN (J.)

273 — *Chiens accouplés, buvant dans un ruisseau.*

Signé à gauche et daté 1878.

Toile. Haut., 1 m. 10 cent.; larg., 1 m. 40 cent.

MELIN (J.)

274 — *Chiens de chasse accouplés, au repos.*

Signé à gauche et daté 1873.

Toile. Haut., 94 cent.; larg., 1 m. 25 cent.

MÉLIN (J.)

275 — *Chien bouledogue chassant un rat en partie caché dans son terrier.*

Signé et daté 1882.

Toile. Haut., 74 cent.; larg., 90 cent.

MÉLIN (J.)

276 — *Chiens de chasse accouplés et vus à mi-corps.*

Signé et daté 1877.

Toile. Haut. 53 cent.; larg., 63 cent.

MÉLIN (J.)

277 — *Chiens de chasse accouplés et vus à mi-corps.*

Signé et daté 1880

Toile. Haut., 53 cent.; larg., 67 cent.

MÉLIN (J.)

278 — *Chien effrayé par un serpent.*

Signé et daté 1886.

Toile. Haut., 1 m. 25 cent.; larg. 90 cent.

MÉLIN (J.)

279 — *Une chasseresse.*

Signé et daté 1875.

Toile. Haut., 75 cent.; larg., 90 cent.

MÉLIN (J.)

280 — *Chasse au cerf.*

Esquisse signée et datée 1872.

Toile. Haut., 37 cent.; larg , 52 cent.

MÉLIN (J.

281 — *Chien de chasse.*

MÉLIN (J.

282 — *Nature morte.*

MÉLIN (J.)

283 — *Chiens de chasse.*

Dessin, à la plume.

PÉLEZ (F.)

284 — *Un électeur.*

PELEZ (F.)

285 — *Les blanchisseuses.*

PÉLEZ (F.)

286 — *Les irréconciliables.*

PILLE

287 — *Le café de Wagram.*

Dessin, à la plume.

PILLE

288 — *Buveur à la porte d'un cabaret.*

Dessin, à la plume.

VERNET (attribué à H.)

289 — *La mort de Poniatowski.*

VEYRASSAT

290 — *Chasseur à l'affût.*

ÉCOLE MODERNE

291 — *Personnages du Directoire.*

ÉCOLE MODERNE

292 — *Nymphes et Amour.*

ÉCOLE MODERNE

293 — *Léda et Jupiter.*

Peinture sur porcelaine.

294 — *Sous ce numéro, environ vingt tableaux, sujets divers.*

LES 9 ET 10 MARS

BON MOBILIER

PORCELAINES

Sèvres, Saxe, Chine, Japon, Faïences diverses, Mosaïques, Vitraux.

BRONZES

Garnitures de cheminées Louis XV et Louis XVI, lustres, appliques, cartel Louis XVI en marqueterie, cartel, horloge ancienne, foyer, groupes, statuettes et bronzes divers.

Garniture de cheminée, lustre et appliques Louis XV avec sujets et ornements en Saxe.

MEUBLES

Meubles des époques Louis XV et Louis XVI, ameublement de chambre à coucher en chêne sculpté, salle à manger en chêne, salons, meubles en marqueterie, bois noir, chêne sculpté, palissandre, piano, billard.

Tapis, rideaux, tentures.

LIVRES

Histoire, littérature et beaux-arts.

BIJOUX

Montres, chaînes, épingles, bagues ornés de brillants, pierres fines.

www.ingramcontent.com/pod-product-compliance
Ingram Content Group UK Ltd.
Pitfield, Milton Keynes, MK11 3LW, UK
UKHW021313190726
13839UKWH00007B/1217

9 782329 537733